الحُبّ... في الكْتُب

ليلِيا خشْروم

Love Exists Only in Books

Tunisian Arabic Reader – Book 3

by Lilia Khachroum

lingualism

ISBN: 978-1-949650-64-8

Written by Lilia Khachroum

Edited by Lilia Khachroum and Matthew Aldrich

Cover art by Duc-Minh Vu

Audio by Lilia Khachroum

website: www.lingualism.com

email: contact@lingualism.com

Introduction

The **Tunisian Arabic Readers** series aims to provide learners with much-needed exposure to authentic language. The books in the series are at a similar level (B1-B2) and can be read in any order. The stories are a fun and flexible tool for building vocabulary, improving language skills, and developing overall fluency.

The main text is presented on even-numbered pages with tashkeel (diacritics) to aid in reading, while parallel English translations on odd-numbered pages are there to help you better understand new words and idioms. A second version of the text is given at the back of the book, without the distraction of tashkeel and translations, for those who are up to the challenge.

New to this edition: the English translations have been revised for improved clarity and accuracy. Each story now also includes **20 comprehension questions** with example answers to help reinforce your understanding of the text. A **sequencing exercise** is provided as well, where you'll put ten key events from the story back in their correct order. These additions make the book even more useful for self-study, classroom use, or group discussions.

Visit www.lingualism.com/audio, to stream or download the free accompanying audio.

This book is also available in Modern Standard Arabic at www.lingualism.com/msar.

الحُبّ... في الكْتُب

نْهار الأحد واحِد وعِشْرين فيفْري ألْفين وسُطّاش

في دار مرْيَم، أُمّْها فاقِت بِكْري برْشا كي العادة. كيما برْشا نْساء، تْحِبّ تْعدّي الويكانْد مْتاعها تْنظّف الدّار خيرْ مِلّي تُخْرُج وْتعْمل جوّ.

عيْطِت: "مرْيَم! قوم اِمّخّر... مرْيَم! قُمْتْشي؟ هيّا باش تْعاوِنّي! عَيْش بِنْتي!"

"مْمْم... يا مّا خلّيني نْزيد نُرْقُد أمان!"

"لا يِزّي مِالنّوم وقوم عاوِنّي!"

"تي حتّى نْهار الأحد ما انّجمْش نِرْتاح فيه؟ تي تاعْبة في حالة راني!"

"تاعْبة؟ مْناش تاعْبة؟ مِالتُّحْواس ومِالْقْهاوي كونْشي تاعْبة! كي تْوَلّي كيما أنْدادِك تَوْ تِرْتاح!"

"بِاللّهِ كيفاش كيما أنْدادي؟ تْنجّم تْفسّرْلي؟"

Love Exists Only in Books

<u>Sunday, February 21st, 2016</u>

At Mariam's house, her mother had woken up very early, as usual. Like many women, she prefers to spend her weekends cleaning the house rather than going out and having fun.

She shouted, "Mariam! Wake up—it's late... Mariam! Are you up? Come help me, please, my daughter!"

"Mmm... Mom, let me sleep a little longer, please!"

"No, you've had enough sleep. Get up and help me!"

"Seriously? I can't even get any rest on a Sunday? I'm totally exhausted!"

"Exhausted? From what, exactly? From running around and hanging out at cafés? When you start acting like other women your age, then you can talk about rest!"

"What do you mean, 'like other women my age'? Can you explain that to me?"

“أَيْ، كيما أنْدادِك تْعرِّس وتعْمِل عايْلة وتْجيب الصّْغار وتِتِلْها بْدارِك وبْراجْلِك وبِصْغارِك! في عوض نْهار كامِل داخْلة خارْجة وفْلوسِك الكُلّ في الدّْبش والقْهاوي واللّهْ أعْلم فاش آخِر!”

“وفاش آخِر؟ تَوْ هاذي حْكاية واحِد يْصبّح عْليها نْهار أحد؟ وكي نْعرِّس ونعْمِل عايْلة باش نِرْتاح؟ تي بِالعكْس! باش يْجيبلي أكْثر تعْب ونْكد ومصْروف.”

“لا موش بِالضّرورة يْزيد التّْعب والنّْكد ويُكْثُرْ المصْروف! وهاذاكا عْلاش لازْمِك تْعرِّس بْواحِد لاباس عْليه!”

“آنا ما نْعرِّس كان بْواحِد نْحِبّو! وإنْتِ تعْرْفو شْكونو!”

“مْمْم يِزّيك مِالْحْكايات الفارْغة يْعيِّش بِنْتي! الحُبّ في الكْتُب! كان جا عينو فيك ياسِر راهو جاب أُمّو وبوه وخْواتو وجاوْ خِطْبوك! أمّا هوما دْرا شْحاسْبين رْواحْم! تي حاسيلو... هيّا هيّا قوم إِمْسح الدّار ونظّف بيتِك وخمِّل فرْشِك!”

“باهي باهي هاني قايْمة، أمّا نُفْطُر فْطور الصّْباح قْبل!”

“باهي برْك، هاني حضّرْتْلِك قهْوَة وطرْف كعْك وَرْقة!”

"Yes, like your peers—getting married, starting a family, having kids, and taking care of your house, husband, and children. Instead of spending the whole day running in and out and wasting all your money on clothes and cafés—and who knows what else!"

"And what else? Is this really the kind of conversation someone should wake up to on a Sunday morning? And when I get married and start a family—will I get rest? On the contrary! It'll just bring more exhaustion, stress, and expenses."

"Not necessarily more exhaustion, stress, and expenses! That's why you should marry someone well-off!"

"I'll only marry someone I love—and you know who that is."

"Hmm... Enough with the nonsense, please, my daughter. Love exists only in books! If he really cared about you, he would have come with his mom, dad, and siblings and asked for your hand already! But who knows what they think of themselves. Anyway... come on now—sweep the house, clean your room, and fix your bed!"

"Okay, okay—I'm getting up. But I'm having breakfast first!"

"Alright, fine. I made you some coffee and a piece of kaak warqa."

"مغْسي امّا!"

"مْمر خلّيها عنْدِك![1]"

❖ ❖ ❖

مرْيَم، تْلاثين سْنة، تُسْكُن في تونِس العاصْمة، في باب الجْديد. كمّْلِت قْرايِتْها وتَوْ تِخْدِم في بانْكا في الـcentre ville. عايْلِتْها مِتْواضْعة وتْعيش مْع أُمّْها، مُنيرة وبوها مُحمّد وأُخْتْها أصْغر مِنْها سليمة.

عايْلِتْها يْحِبّوها برْشا أمّا زادا كيما أيّ عايْلة تونْسية، عايْلِتْها يْحِبّوها تْعرِّس وبْداوْ يَضْغْطو عْليها باش تْعرِّس. وموش بْأيّ واحِد. يْحِبّوها تْعرِّس بْجارْها أَيْمن.

أَيْمن مُهنْدِس في شرِكة معْروفة قْرا مْع مرْيَم مِالابْتِدائي ومِلّي هوما صْغار يْحِبّْها ويْموت عْليها وكْبرِ أَيْمن وكْبرِ حُبّو ليها. تي حتّى مِن دارو لاصْقة في دار مرْيَم.

أمّا مرْيَم مُخّْها وقلْبْها مْع حدّ آخِر ولا عْمُرْها خمّْمِت في أَيْمن.

كي بْدات مرْيَم تِخْدِم في البانْكا في اللّافايات[2] تْعرّْفِت عْلى زميلْها رامي وبِالشّْوَية بِالشّْوَية وَلّاوْ ديما يَحْكيو وبعْد ولّاوْ يُخْرْجو مْع بْعضْهُم، مرّة يَعْمْلو footing بعْد الخِدمة ومرّة يِمْشيو يَعْمْلو قهْوة.

[1:50]

"Thanks, Mom."

"Hmm. Keep your 'thanks' to yourself."

❖ ❖ ❖

Mariam is thirty years old. She lives in Bab El Jedid in the capital, Tunis. She finished her studies and now works at a bank downtown. Her family is modest. She lives with her mother, Mounira, her father, Mohamed, and her younger sister, Selima.

Her family loves her very much, but like any Tunisian family, they want her to get married. So they started pressuring her. And not just to marry anyone—they want her to marry their neighbor, Aymen.

Aymen is an engineer at a well-known company. He studied with Mariam since elementary school, and ever since they were kids, he has loved her deeply. Aymen grew up, and so did his love for her. Even his house is right next to Mariam's.

But Mariam's heart and mind are with someone else, and she has never thought of Aymen that way.

When Mariam started working at the bank in Lafayette, she met her colleague Rami. Bit by bit, they started talking regularly. Then they started going out together—sometimes they'd go jogging after work, sometimes just have a coffee.

---

[1] خلّيها عنْدِك (lit. keep it to/for yourself) expresses annoyance–here, rejecting one's thank-you.

[2] LaFayette is a busy commercial and residential district in Tunis.

أمّا رامي موش جوّو القْهاوي. رامي يْحِبّ الرّاسْتورونات والسّهْريات والشُّرْب خيرْ. ومرْيَم ولَو إنْها ما تْحِبِّش برْشا الجّوّ هاذاكا أمّا كانِت ديما تِمْشي مْعاه. وبِالشْوَية بِالشْوَية، مرْيَم ورامي وَلّاوْ يْحِبّو بْعضْهُم... أمّا فمّا مُشْكُل! أُمّ رامي، موش عاجْبينْها لا مرْيَم ولا عايْلِتْها، قال شْنوّا[1] عْلى قدْهُم!

❖ ❖ ❖

في دار رامي

أُمّو كي العادةممْدودة عالـcanapé تتفرِّج في برْنامج تونسي ماسِط.

"وين خارِج يا رامي؟ باش تبْطى؟"

"أيّ أُمّي باش نبْطى! حاجْتِك بْحاجة؟"

"أيْ، عَيْش وِلْدي جيب طرْف ڨاتو كي تْجي مْروّح! ما تنْساش!"

"حاضِر يامّي!"

"اسْمعْني!"

"نْعم."

"خارِج مْع صْحابِك ماوْ؟"

[2:57]

But cafés aren't really Rami's thing. Rami prefers restaurants, parties, and drinking. And even though Mariam doesn't really like that kind of scene, she always went with him. Eventually, Mariam and Rami fell in love... but there's a problem! Rami's mother doesn't like Mariam or her family—saying they're not good enough for her son!

❖   ❖   ❖

<u>At Rami's house</u>

His mother, as usual, is lying on the sofa watching a boring Tunisian show.

"Where are you going, Rami? Will you be home late?"

"Yes, Mom, I will. Do you need anything?"

"Yes, dear—bring back a slice of cake when you come home! Don't forget!"

"Okay, Mom."

"Listen to me!"

"Yes?"

"You're going out with your friends, right?"

_____

[1] قال شْنوّا (lit. said what) 'allegedly' is a set expression with an invariable verb form.

"لا، مانيش خارِج مْع صْحابي! خارِج مْع مرْيَم!"

"اوووه عْليّ مِن هاذي مرْيَم مْتاعِك! تي موش قُلْنا ابْعِد عْليها موش مْتاعِك؟"

"بِاللهِ كيفاش موش مْتاعي فسّرْلي يا مّا!"

"البو والأُمّ موش قارين، وزيد عْلى قدّْهُم ولا تِكْسِب لا دار ولا كرْهْبة وموش مِزْيانة مِالفوق!ما فْهِمْتِش شِمْعجّْبِك فيها!"

"آنا تُظْهُرْلي مِزْيانة وطُفْلة دافْيَة ومُتْرْبّْيَة وانّجّم نْعمّل عْليها ومْثقّْفة وذْكية! وبوها وأمّها موش قارين صْحيح أمّا عْباد باهين وناس مْلاح ويْحِبّوني ونْحِبّْهُم!"

"هِهِه أيْ يْحِبّوك... قول يْحِبّو فْلوسِك!"

"باهي يْحِبّو فْلوسي ميسالِش!"

"دبّر راسِك!"

باس رامي أُمّو وخْرج.

[3:42]

"No, I'm not going out with my friends! I'm going out with Mariam."

"Ugh! That Mariam of yours! Didn't I tell you to stay away from her? She's not right for you."

"Why not? Tell me, Mom—what makes her not right for me?"

"Her parents aren't educated, they barely get by, they don't own a house or a car—and on top of that, she's not even pretty! I don't understand what you see in her!"

"I find her pretty. She's warm, well-raised, dependable, educated, and intelligent. True, her parents didn't go to school, but they're good people—kind people. They love me, and I love them."

"Oh sure, they love you... more like they love your money!"

"Fine. If they love my money, so be it."

"Then go ahead—take care of it all yourself!"

Rami kissed his mother and left.

❖ ❖ ❖

في رِسْتورون في المرْسى

"قدّاش ما عينيش في الخِدْمة غُدْوَة يا مرْيَم."

"اوووه كان تْشوف آنا!"

"الخُبْزة مُرّة[1]..."

"شْقَوْلِك كان نعْمْلو projet؟"

"كيما شْنوّا؟"

"ما نعْرفْش fast food وَلّا كافيتيريا وَلّا فازة..."

"مالّا فازة! فرْحِت أُمّي بيك وبِيّا..."

"ياخي لازِم ديما أُمُّك في الحْكاية؟"

"ماتِجْبِدْليش أُمّي لا نِتْعارْكو كي العادة أوْكيْ؟"

"إنتِ جبِدتْها موش آنا!"

"باهي باهي كُلّ خرْجة مرّرْها بِالحْكايات الفارْغة مْتاعِك!"

"باهي نقّص مِالشُّرْب باش تْنجّم تْسوق!"

[4:26]

❖ ❖ ❖

At a restaurant in La Marsa

"I really don't feel like going to work tomorrow, Mariam."

"Oh, tell me about it!"

"Making a living is tough..."

"What do you think about starting a business?"

"Like what?"

"I don't know... a fast food place, or a café, or something like that."

"What a brilliant idea! My mom would be thrilled for both of us..."

"Does your mom always have to be involved in everything?"

"Don't bring up my mother, or we'll end up arguing again—okay?"

"You were the one who brought her up, not me!"

"Fine, fine—go ahead and ruin every outing with your silly talk!"

"Fine. Then stop drinking so you're actually able to drive!"

---

[1] الخُبْزة مُرّة (lit. the bread is sour) is a proverb said when someone is complaining about their job but having no other choice but to accept their situation. It can be said in a serious context, but here, coming from a wealthy man, it is ironic.

"أوه عنْدِكْشي مُشْكْلة أُخْرى بْربيّ؟ هاوْ مرّة أُمُّك ومرّة شُرْب ومرّة ما نعْرفْش شْنوّا! تي يزّي مِالْمشاكِل!"

"لا موش مشاكِل أمّا ياسِر تُشْرُب وموش باهيلِك لا لْصحّْتِك لا لْخِدِمْتِك لا لْمُخُّك!"

"موش باهيلي وَلّا خايْفة لا بوك يَسْمع بِيّا نُشْرُب؟"

"ازّوز ça va توّا؟"

"أَيْ ça va!"

هاذي موش حاجة جْديدة. Presque كُلّ خرجة لازم توفى بْعرْكة.

❖ ❖ ❖

في دار أَيْمن، جار مرْيَم

"أُمّي شْنوّا العْشاء اليوم؟"

"كُسْكْسي بِالحوت!"

"جوّ!"

"شعْملْت مْع مرْيَم؟ حْكيتْشي مْعاها؟"

[4:59]

"Oh, do you have another issue to bring up, for God's sake? One time it's my mom, then it's the drinking, then something else! Enough with the problems already!"

"They're not problems—but you drink too much, and that's not good. It's bad for your health, bad for your work, and bad for your brain!"

"It's not good for me—or are you just afraid your dad will hear that I drink?"

"Both. Is that clear enough for you?"

"Yes, it's clear!"

This isn't anything new. Almost every date has to end with a fight.

❖ ❖ ❖

At Aymen's house, Mariam's neighbor

"Mom, what's for dinner tonight?"

"Fish couscous!"

"Nice!"

"What did you do about Mariam? Did you talk to her?"

"مرْيَم؟ عْلى شْنوّا باش نحْكي مْعاها؟"

"وووه؟ عْلى شْنوّا باش تحْكي مْعاها؟ نْسيت؟ موش تْفاهِمْنا باش تحْكي مْعاها عالخُطْبة؟"

"خُطْبة يامّي؟ ياخي تِسْخايِل الحْكايَة ساهْلة برْشا؟"

"ساهْلة أيْ! باش تلْقى ما خيرْ مِنِّك؟"

"موش حْكايةْ تلْقى ما خيرْ مِنّي أمّا في بالي عنْدْها شْكون!"

"حْكايَة فارْغة يا وِلْدي! وَلّا راهو جا خْطبْها!"

"وكي تطْلع تْحِبّو؟"

"الحُبّ في الكْتُب يا وليدي..."

"باهي باهي يامّي ايجا ناكْلو وبعْد تَوْ نْشوفو."

كمْلو مرْيَم ورامي العْشاء، خلْصو وقامو مْشاوْ لِلْكرْهْبة.

رامي شْرب برْشا... وكي العادة وَلّى agressif وكي العادة زادو تْعارْكو في الكرْهْبة.

"كي عادْتِك وين ما تُشْرُب تِتْحوّل إنْتِ!"

[5:33]

"Mariam? What would I talk to her about?"

"Huh? What do you mean, 'what would you talk to her about'? Did you forget? Didn't we agree you'd talk to her about getting engaged?"

"Engaged, Mom? Do you think it's that easy?"

"Yes, it's easy! Who else could she possibly find better than you?"

"It's not about whether she could find someone better—it's that I think she already has someone."

"Nonsense, my son! If she had someone, he would've proposed by now!"

"And what if she loves him?"

"Love exists only in books, my son…"

"Alright, alright, Mom—let's eat, and we'll see after."

Mariam and Rami finished dinner, paid, and walked to the car.

Rami had drunk too much… and as usual, he got aggressive—and as usual, they ended up arguing in the car.

"Every time you drink, you change!"

"لا موش مِالشُّرْب!"

"مالا مْناش؟"

"مِالتّنقنيف مْتاعِك!"

"بْربيّ؟"

"والله!"

"باهي باهي وَصّلْني ومْعادْش تحْكي مْعايا!"

"ملّا راحة!"

وَصّلْها ومْشى مِن غير ما سلْمو عْلى بْعضْهُم.

❖ ❖ ❖

دخْلِت مرْيَم لِلدّار ومْشات لْبيتْها وسكْرِت الباب عْلى روحْها.

بدْلِت حْوايِجْها ونحّات مكْياجْها وقعْدِت تْخمِّم وتْخمِّم...

(دقْديق عالباب)

"شْكون؟"

"آنا سليمة!"

[6:17]

"No, it's not because of the drinking!"

"Then what is it because of?"

"Because of your constant nagging!"

"Oh, really?"

"I swear!"

"Alright, just take me home—and don't speak to me again!"

"What a relief!"

He dropped her off and left without even saying goodbye.

❖   ❖   ❖

Mariam entered the house, went to her room, and locked the door behind her.

She changed her clothes, removed her makeup, and sat there thinking, and thinking...

(Knocking on the door)

"Who is it?"

"It's me, Selima!"

"عيْش أُخْتي تَوْ بعْد نحْكيو! نْحِبّ نُقْعُد وَحْدي!"

"أمان مرْيومة خلّيني نُدْخُل عنْدي ما نحْكيلِك!"

"باهي، أُدْخُل!"

قامِت مرْيَم حلّتِّلْها الباب ورجْعِت اتّكّات في الفرْش.

سِأْلِتْها سليمة: "شْبيك فادّة؟ أحْكيلي."

"شَيْ!"

"تي أحْكيلي! تْعارِكْت مْع رامي؟"

"أَيْ!"

"تي كي العادة تو غُدْوَة تِتْصالْحو!"

"نعرف أمّا آنا بْديت نْفِدّ هكّا!"

"وَسّع بالِك عَيْش أُخْتي وايجا نِتْفرّْجو في ساغي جْديدة تُقْتُل عالنّاتْفْليكْس!" [1]

"وإنْتِ مْنين عنْدِك ناتْفْليكْس؟"

"أُسامة عْطاني الأكْسا[2]!"

[6:46]

“Please, sister. We’ll talk later—I just want to be alone.”

“Please, Maryouma, let me in. I have something to tell you.”

“Alright, come in.”

Mariam got up, opened the door for her, then lay back down on the bed.

Selima asked her, “Why are you upset? Tell me.”

“Nothing!”

“Come on, tell me! Did you argue with Rami?”

“Yes!”

“As usual... You’ll make up tomorrow.”

“I know, but I’m starting to get fed up with this!”

“Relax, sister. Come on, let’s watch a new killer series on Netflix!”

“And where did you get Netflix from?”

“Oussama gave me his access.”

---

1 تُقْتُل (lit. that is killing), here translated as ‘amazing.’

2 French words are peppered throughout Tunisian Arabic. Tunisians might write these French loan words in their original forms (that is, in Latin alphabet) or transcribe them in Arabic script, as is done here with the French word accès.

“جوّ! باهي هيّا! لحْظة! موش قُتْلي عنْدِك ما تحْكيلي؟”

“تي لا شَيْ شَيْ!”

“سليمة! أحْكي! شْفمّا؟”

“تي حْكايَة فارْغة! صاحِبْتي قالِتْلي إلّي شافِت رامي الويكانْد اللي فات أمّا تلْقاها غالْطة. يمْكُن juste يْشبّهْلو...”

“الويكانْد اللي فات؟ مْشى بحْذا ممّاتو في زغْوان ماهوش هْنا!”

“تي أَيْ أَيْ باز غالْطة فيه!”

“وَحْدو؟”

“شْكونو؟”

“سليمة! الطّفُل اللي يْشبّه لْرامي!”

“اه أَيْ أَيْ وَحْدو!”

“مْثبّتة؟”

“اه أَيْ أَيْ وُه! مْثبّتة!”

“ظاهِر عْليك مْثبّتة! هيّا هيّا نِتْفرّجو! شِسْمْها السّاري؟”

“Narcos”.

[7:24]

"Nice! Alright, let's go! Wait—didn't you say you had something to tell me?"

"Oh, it's nothing! Really, nothing!"

"Selima! Talk! What is it?"

"It's no big deal! My friend told me she saw Rami last weekend, but she's probably mistaken. Maybe it just looked like him..."

"Last weekend? He was at his grandmother's place in Zaghouan! He wasn't even here."

"Oh yeah, yeah, then she must've been mistaken!"

"Was he alone?"

"Who?"

"Selima! The guy who looked like Rami!"

"Ah, yeah, yeah, he was alone!"

"Are you sure?"

"Uh, yes, yes. I'm sure."

"You *definitely* look sure! Come on, let's watch! What's the name of the series?"

"Narcos."

❖ ❖ ❖

نْهار الإثْنين ثْنين وعِشْرين فيفْري ألْفين وسُطّاش

قامِت مرْيَم السّتّة مْتاع الصْباح كي العادة، غسْلِت وِجْها، حكّت سِنّيها ومْشات لِلْكوجينة وين لْقات أُمْها مْحضْرِتْلْها فْطور صْباح يَعْمِل الكيف، قهْوَة وبشْكوتو ودْرُع وكعْبْتين عْضم وjus d'orange. حاسيلو برْشا دْلال.

فطْرِت مرْيَم ولِبْسِت حْوايِجْها وخْذات تاكْسي ومْشات لِلْخِدْمة. في الثْنية قعْدِت تْخمّم في رامي وفي الـrelation مْتاعْهُم وبعْد تْفكْرِت كْلام أُخْتْها مْتاع البارح وبعْد تْفكْرِت اللي لازِمْها كرْهْبة... حاسيلو مرْيَم مِلّي عرْفِت رامي وهِيَّ موش مْركْزة وسارْحة وداخْلة بْعضْها. رامي طْفُل شْباب ولبّاس عْليه ودارو لبّاس عْليهُم وعنْدْهُم الأراضي والفيلات والْكْراهِب والحقّ مْدلّلْها.

مرْيَم صْحيح تْحِبّو أمّا ما تعْطيهِش برْشا ثِقة وهِيَّ بيدْها موش عارْفة عْلاش.

[8:06]

❖ ❖ ❖

Monday, February 22nd, 2016

Mariam woke up at six in the morning, as usual. She washed her face, brushed her teeth, and went to the kitchen, where she found that her mother had prepared her a delightful breakfast: coffee, biscuits, sorghum porridge, two eggs, and orange juice. In short, she was being spoiled.

Mariam had breakfast, got dressed, took a taxi, and headed to work. On the way, she kept thinking about Rami and their relationship, then about what her sister told her the night before, then about how she really needs a car... In short, since she met Rami, Mariam has been distracted and all over the place. Rami is a handsome guy, well-off. His family owns land, villas, cars... and truth be told, he pampers her.

Mariam truly loves him, but she doesn't trust him much—and even she doesn't know exactly why.

مرْيَم ديما تْفرّغ قلْبْها لأحْلام، صحْبِتْها وعْشيرتْها اللي تحْكيلْها كُلّ شيْ وأحْلام تُقْعُد تْواسيها وتْقُلْها ديما باش تِبْعِد علْى أيّ relation toxique وتْشوف حْياتْها. أمّا مرْيَم مِتْعلّقة برْشا بْرامي وديما تْخيرّ إنّها تْسامْحو وتَعْمِل عين رات وعين ما راتِش علْى أمل إنّو يِتْبدّل.

❖ ❖ ❖

في الخِدْمة مرْيَم موش مْركّزة. ديما كي تِتْعارِك مْع رامي تِتْقلّق وتْوَلّي سارْحة وتْخمِّم.

تْعدّا النّهار ورامي ما فمّاش ريحْتو. لا جا لِلْخِدْمة ولا طْلب ولا بْعث مساج أمّا كوناكْتا في الفايْسْبوك. ياخي زادِت تْنرفْزِت علْيه أكْثر... طلْبِتّو ياخي ما هزّش وحتّى حدّ ما يَعْرف علْيه حتّى شَيْ... كي عادْتو، كي يُشْرُب برْشا يِصْبح ما يمْشيش لِلْخِدْمة وبعْد يَبْعث certificat. وزيد الـchef d'agence صاحْبو برْشا وديما يْغطّي علْيه باش ما تْصيرْلوش مشاكِل في الخِدْمة. ومرْيَم تُقْعُد تْغزّل. وكي عادْتو زادا اطّيحشي السّماء؟ تتقلبشي الدّنيا؟ ديما connecté عل الفايسبوك. ها السّناسة قدّاش تكرهْا مرْيَم!

[9:08]

Mariam always confided in Ahlem, her friend and confidante to whom she tells everything. Ahlem always comforts her and tells her to stay away from any toxic relationship and to focus on her life. But Mariam is very attached to Rami and always chooses to forgive him and turn a blind eye, hoping that he will change.

❖   ❖   ❖

At work, Mariam couldn't focus. Whenever she argued with Rami, she'd get upset and distracted, lost in thought.

The day passed, and there was no sign of Rami. He didn't show up at work, didn't call, didn't send a message—but he was active on Facebook. That made her even more irritated. She called him, but he didn't pick up, and no one knew anything about him. As usual, when he drinks too much, he doesn't go to work, and then he sends in a doctor's note. Plus, the branch manager is a close friend and always covers for him so he doesn't get into trouble at work. And Mariam would keep worrying. As usual—did the sky fall? Did the world collapse? He'd still be online on Facebook. How much Mariam hated this habit!

جات الخمْسة وْروّْحِت مرْيَم لِلدّار بِالتاكْسي. رامي مِسْتانِس يْوَصّلْها بعْد الخِدْمة، شيخَلّي أُمّ رامي تْغزَّل أكْثر. كي العادة كي تِبْدا مْغشّة تُدْخُل لْبيتْها وتْسكّر عْلى روحْها الباب وتُقْعُد تِبْكي.

تِبْكي أمّا موش فاهْمة روحْها عْلى شْنوّا تِبْكي بِالضّبْط!

عْلى رامي إلّي طفّاها وما كلّمْهاش؟ وَلّا عْلى علاقِتْهُم إلّي وَلّات بْكُلّْها مشاكِل وصْياح وعرْك وَلّا عْلى خاطِرْها تْحِسّ في روحْها ما عادْش فرْحانة وَلّا عْلى خاطِر au fond تعْرِف إلّي ماهوش الرّاجِل اللي تْحِبّ تْكمِّل مْعاه حْياتْها؟

وَلّا يمْكُن عْلى خاطِر حاسّة بْحاجة خايْبة وقلْبْها ما قايْلِلْها خيرْ... مرْيَم ضايْعة... ضايعة برْشا!

بكات لين هزّْها النّوم...

❖ ❖ ❖

نْهار التْلاثا سِتّة وعِشْرين فيفْري، الأرْبْعة مْتاع الصْباح

يْنوقِز تليفون مرْيَم.

قلْبْها خْرج مِن بْلاصْتو مِالْفجْعة.

[10:24]

At five o'clock, Mariam went back home by taxi. Rami usually drove her after work, which made Rami's mother even more irritated. As always, when she's upset, Mariam enters her room, closes the door, and cries.

She cried, but she didn't even know exactly what she was crying about.

Was it because Rami ignored her and didn't call? Or because their relationship had turned into nothing but problems, shouting, and fights? Or because she didn't feel happy anymore? Or was it because, deep down, she knew he wasn't the man she wanted to spend her life with?

Or maybe because she had a bad feeling, and her heart wasn't sensing anything good... Mariam was lost... very lost.

She cried until sleep took her...

❖　❖　❖

Tuesday, February 26th, 2016, 4 a.m.

Mariam's phone rang.

Her heart jumped out of its place from the shock.

هزّت مرْيَم التّليفون: "آلو؟"

"عالسْلامة مرْيَم آنا مُنى أُخْت رامي، سامحْني كان قلّقْتِك أمّا نعْرف كان ما نُطْلْبِكش آنا، حدّ ماهو باش يُطْلْبِك ويَحْكيلِك شْصار..."

"لاباس؟ آمان آش صار؟ شْفمّا؟"

"رامي..."

"رامي شْبيه؟ شْصارْلو؟ وينو؟"

"رامي مِالْبارح مِتْقلّق وشْرب برْشا وخْرج ما نعْرْفو عْليه حتّى شَيْ لين كلْمونا مِالسْبيطار قالولْنا عْمل آكْسيدون."

"أكْسيدون؟ وين؟ كيفاش؟ هُوَّ لاباس؟"

"عمْلولو عمليّات و..."

"و شْنوّا؟ وينو توّ؟ فانو سْبيطار؟ عمليّات عْلى شْنوّا؟"

"عْلى ساقيه الزّوز."

"شْبيهُم ساقيه؟ تي قُلّي!"

"قصّوهُمْلو..."

[11:16]

Mariam answered the phone: "Hello?"

"Hi Mariam, it's Mona, Rami's sister. Sorry to bother you, but I know if I don't call you, no one else will and tell you what happened..."

"Is everything okay? Please, what happened? What is it?"

"Rami..."

"What about Rami? What happened to him? Where is he?"

"Rami wasn't okay yesterday, he drank a lot and went out, and we didn't know anything about him until the hospital called us and told us he had an accident."

"An accident? Where? How? Is he okay?"

"They did surgeries for him and..."

"And what? Where is he now? Which hospital? What were the surgeries for?"

"Both of his legs."

"What's with his legs? Tell me!"

"They amputated them..."

"شْنوّا؟!"

"أيْ، amputation."

الدِّنْيا دارِت بمْرْيَم ومْشات وجات وصوت مُنى عمّال يِبْعِد ويْوَلّي موش واضح، وراسْها يْوَلّي يْدور بِالصّدمة...

❖ ❖ ❖

رامي نْهارِتْها شْرب برْشا وقْعد يْدور بِالكرْهْبة. وفي لحْظة راسو دار وفْقِد السَّيْطْرة عْلى كرْهبْتو في virage خْطير في ثْنِيِّةْ المطار. تْقِلْبِت بيه الكرْهْبة.

وكان موش الحِماية ادّخْلِت فيسع يمْكُن راهو مات.

أمّا جاوْ فيسع وهزّوه لأقْرب سْبيطار.

الطُّبّا منْعولو حْياتو صْحيح أمّا تْلزّو يْقُصّولو ساقيه الزّوز.

مِاليوم رامي باش يْوَلّي عْلى كُرْسي وحْياتو الكُلّ تِتِقْلِب.

مِالْيوم رامي ما عادْش يْنجّم يمْشي، ما عادْش يْنجّم يِجْري كيما كُلّ عْشية بعْد الخِدْمة، ما عادْش يْنجّم يَهْبط "تنْقيزة[1]" باش يِشْري الخُبْز، ما عادْش يْنجّم يتِرْانا مْع صْحابو.

[12:07]

"What?!"

"Yes, amputation."

The world spun around Mariam, back and forth, and Mona's voice kept fading in and out, and her head started spinning from the shock...

❖ ❖ ❖

That day, Rami drank a lot and kept driving his car around. At one moment, he got dizzy and lost control of his car on a dangerous turn on the airport road. The car flipped over.

If the civil protection hadn't gotten there quickly, he might have died.

But they came quickly and took him to the nearest hospital.

The doctors did save his life, but they had to amputate both of his legs.

From today, Rami will be in a wheelchair, and his whole life will change.

From today on, Rami can no longer walk, can no longer go for a jog after work, can no longer quickly run out to buy bread, can no longer hang out with his friends.

---

[1] تنْقيزة (lit. [in a] jump) 'very quickly'

رامي حسّ اللي حْياتو وِقْفِت.

رامي ما كانْش وَحْدو في الأكْسيدون!

كانِت مْعاه أحْلام. أحْلام تْكسْرِت يِدْها اليِسار ووِجْها الكُلّو مْرضْرِض... أمّا لاباس!

مرْيَم بِهْتِت وما فِهْمِتْش أحْلام فاش تعْمل الارْبْعة مْتاع الصْباح مْع رامي في الكرْهْبة...

وَلّا يمْكُن ما تْحِبِّش تعْرِف.

❖ ❖ ❖

تْقابْلو مرْيَم وأحْلام.

ومن غير ما تُغْزْرِلْها في عينيها قالِتِّلْها: "مرْيَم سامحْني كارْني طْلبْتِك حْكيتْلِك اللي رامي تْقلّق برْشا وتْعدّالي خْرجْنا نعْمْلو في دورة ما فيباليش باش نبْطاوْ ياخي هاوْ صار اللي صار! اللّه غالِب الحمد اللّه واكهو!"

"موش مُشْكُل تَوْ! المُهِمّ إِنْتِ لاباس! الحمد اللّه!"

دخْلِت مرْيَم بحْذا رامي. لْقات أُمّو بحْذاه تِبْكي في حالة حْليلة.

[13:05]

Rami felt like his life had come to a halt.

Rami wasn't alone in the accident!

Ahlem was with him. Ahlem broke her left arm, and her whole face was bruised... but she was okay!

Mariam was stunned and didn't understand what Ahlem was doing with Rami in the car at 4 a.m....

Or maybe she didn't want to know.

❖ ❖ ❖

Mariam and Ahlem met [in the hall of the hospital].

Without looking her in the eyes, Ahlem said, "Mariam, I'm sorry... I should've called you and told you that Rami was really upset and came over, and we just went for a drive. I didn't know we'd be out so late, and then this happened! It's God's will... thank God, that's all!"

"It's okay now! What matters is that you're alright! Thank God!"

Mariam entered Rami's room. She found his mother beside him, crying helplessly.

"اللُّطْف عْليك وعْليه تاتا، توّ يَعْمِل prothèse ونْتِلْهاوْ بيه ما تْخافِش! خلّي إيمانِك بْربّي كْبير! نِحْمْدو ربّي اللي مازال حيّ!"

"يْعيِّش بِنْتي! باهي أحْكي مْعاه إنْتِ شْوَيّة آنا ما حبِّش حتّى يْغْزُرْلي!"

"باهي تاتا تْهنّى هاني باش نمِْشي نحْكي مْعاه!"

❖ ❖ ❖

في أوْقات الضُّعْف والْمْصايِب القْلوب تْلين وتْوَلّي تْحاوِل تْشوف الباهي. هاذا حال أُمّ رامي. مِن أوّل مرّة قابْلِت فيها مرْيَم تكْرهّا وموش عاجْبِتْها. هاوْ مرّة تْقول عْليها عْلى قدّْها، هاوْ مرّة طامْعة في[1] رامي، هاوْ مرّة بوها وأُمّْها جُهّال وبرْشا حاجات أُخْرين ما يْتِحْكاوِش.

أمّا آنا نعْرفْهُم! مْنين نعْرفْهُم؟ الحقّيقة رامي يَحْكيلي كُلّ شَيْ! رامي ما يخبّي عْليّا حتّى شَيْ! نِتْصوّر راكُم عْرفْتوني شْكون!

أَيْ آنا هِيَّ! آنا أحْلام اللي حْكيتِلْكُم عْليها قْبيلا! آنا اللي غْدرْت صاحِبْتي وأقْرب النّاس لِيّا! آنا اللي خنت الصُّحبة اللي مستْقِتْها. آنا اللي خُنْت روحي finalement. آنا اللي كُلّ يوم نِدْعي باش رامي يبِْعِد عْلى مرْيَم. آنا اللي نْحِبّ رامي مِن أوّل نْهار شُفْتو فيه!

[13:56]

"God protect you and him, auntie. He'll get a prosthetic, and we'll take care of him—don't worry! Keep your faith in God strong! We thank God he's still alive!"

"Thank you, dear. Talk to him a bit—he won't even look at me!"

"Okay, auntie, don't worry. I'm going to talk to him."

❖ ❖ ❖

In times of hardship and misfortune, hearts soften and try to see the good. That's what happened with Rami's mother. From the first time she met Mariam, she disliked her. One time, she said Mariam was too ordinary. Another time, that she was after Rami's money. Another time, that her parents were uneducated. And many other things she didn't say out loud.

But I know them. How do I know? The truth is, Rami used to tell me everything. Rami never hid anything from me. I think you've guessed who I am?

Yes, it's me! I'm Ahlem, the one I told you about earlier! I'm the one who betrayed her friend and the person closest to her. I'm the one who broke the trust of friendship. I'm the one who ultimately betrayed myself. I'm the one who prayed every day that Rami would leave Mariam. I'm the one who has loved Rami since the very first day I saw him!

---

[1] طامع في (lit. greedy for), here, means greedy and is after his money

حاوِلْت نُقْرُبْلو ونِتْقرّبْلو بْأيّ طريقة، أجوتيتو على الفايْسْبوك وكنت كُلّ يوم نبعثلو نسأل عْليه. مِاللّول ما جاش لمخّو على خاطِر يعرف قدّاش مرْيَم تحبّني... حتّى آنا نحبّها... أمّا حبّيتو هُوَّ زادة! وبعْد قُتْلو كُلّ شيْ وقْعدْنا نحْكيو بِالسِّرْقة مِن عْلى مرْيَم وموش نحْكيو برْك، أمّا نِتْقابْلو زادا. الويكانْد اللي فات مْشينا آنا ويّاه فْطرنا مْع بْعضْنا وتْفرّجْنا في فيلْم و... واكاهَو!

هُوَّ قالِلْها ماشي لْزغْوان بحْذا ممّاتو وآنا قُلْتِلْها تاعْبة ما عينيش في الخْروج. كي كلْمِتْني حْكاتْلي إلِيّ صاحْبِةْ سليمة شافِتْنا... ااه شافِتّو، تِفْجعْت برْشا الحْقيقة. أمّا شدّيت روحي وقلتلها يزّي مالتّهلويس impossible ياخذ الرّيسك ويعملها. أمّا هُوَّ خْذا الرّيسك وآنا خذيتو مْعاه!

نرْجْعو عاد لأُمّ رامي، في لحْظة تْبدْلِت وولّات تْحِبّ مرْيَم وتموت عْليها؟! تي البارح برْكا تْقوليّ ما صابِك إِنْتِ مْع وِلْدي موش هاك اللّفْعة! وْتَوْ حتّى غزْرة ما تُغْزُرْهاليش وولّات تْعيّط لْمرْيَم بِنْتي وعْزيزْتي؟ مالّا مُنافْقة!

[15:07]

I tried to get close to him any way I could. I added him on Facebook and messaged him every day. At first, he didn't catch on, because he knew how much Mariam loved me... I love her too... but I also loved him! Later, I told him everything. We started talking secretly—not just talking, we were also meeting. Last weekend, we had breakfast together, watched a movie, and... well, that's all.

He told her he was going to Zaghouan to visit his grandmother, and I told her I was tired and didn't feel like going out. When she called me and told me Selima's friend had seen us... or rather, seen him, I was terrified. But I held it together and told her to stop imagining things—there was no way he would take such a risk. But he did. And I did too.

And now Rami's mother suddenly loves Mariam? Just yesterday she was saying, "If only you were with my son, not that snake!" And now she won't even look at me, and she's calling Mariam "my daughter"? What a hypocrite!

❖ ❖ ❖

حاسيلو، دخْلِت مرْيَم للبيت بحْذا رامي.

حاوْلِت تْهِزّْلو المورال وتْفسّرْلو إلّي هاذاكا قضاء وَقدر والّي ربّي مْكتّبلو هكّاكا وإلّي لازمو يِحْمد ربّي، إلّي ما ماتِش ومزّال حيّ ويمْكُن تِكْتِبْلو عْمُر جْديد... أمّا زايِد.

وِعْدِتّو تاقِف مْعاه وما تْخلّيهاش بيه مهْما يْصير، وِعْدِتّو تُصْبُر مْعاه وما تْسيِّبوش، وِعْدِتّو باش تْخرّجو كُلّ يوم ويمْشيو لْوين ما يحِبّ هُوَّ، وِعْدِتّو يْسافْرو ويَعْمْلو جوّ، وِعْدِتّو ووِعْدِتّو... وِعْدِتّو بْبارْشا حاجات باهين.

أمّا رامي مصْدوم وموش مُصدّق اللي صايِرْلو.

مرْيَم كانِت عْلى وَعْدْها. مرْيَم صبْرِت مْع رامي وعايِلْتو. عايِلْتو اللي فجأة ولّاوْ يْموتو عْلى مرْيَم! أمّا مرْيَم ما يْهِمّهاش برْشا. تِلْهات بيه كيما تعْرف وبِاللي تقْدر. كانِت تْحاوِل ديما تْضحْكو وديما تْخرّْجو ادِّز بيه الكرّوسة وتْهِزّو لْبْلايِص مِزْيانين ويُقْعْدو بِالسّوايع يَحْكيو ويَضْحْكو ويِبْكيو زادا.

[16:21]

❖ ❖ ❖

Anyway, Mariam entered Rami's room.

She tried to lift his spirits and explain that this was God's will, that it was destined to happen, that he should be thankful he survived, and maybe a new life had been written for him... but it was no use.

She promised she'd stand by him no matter what, promised to be patient and never leave him. She promised to take him out every day, wherever he wanted. She promised they'd travel and have fun. She promised and promised... so many beautiful promises.

But Rami was in shock and couldn't believe what had happened to him.

Mariam kept her promise. She was patient with Rami and with his family. A family that had suddenly grown to adore her. But Mariam didn't care much about that. She took care of him the best way she knew how. She always tried to make him laugh, always took him out, pushing his wheelchair to nice places where they'd sit for hours talking, laughing—and crying, too.

مرْيَم مْشات زادا عدّات الپارْمي وخْذاتو باش تْنجّم تْسوق كرْهبْة رامي وتْخرّْجو وتْحوِّس بيه وتْهِزّو لِلْبْلايِص اللي يْحِبّْهُم ويِرْتاح فيهُم. مرْيَم كانِت عْلى وَعْدْها وصبْرِت. صبْرِت عْلى هالحال عام وعامين وتْلاثة سْنين...

❖ ❖ ❖

نْهار الجِمْعة تْسعْطاش جْوان ألْفين وعِشْرين، الخمْسة مْتاع العْشية، في دار مرْيَم

برْشا حِسّ وتْزْغْريط وتحْضيرات وبرْشا مشْي وجيّ أمّا ما فمّاش برْشا عْباد جوسْت العايْلة القْريبة وأكْثرِيِّتْهُم لابْسين البافات ويْنظّْفو في يْديهُم بالْجال كُلّ دقيقة.

أُمّ مرْيَم: "سليمة عيْش بِنْتي فيسع هِزّ مْع خالْتِك طْبق الحْلو العْدول قْريب يَخْلِط وامْشي شوفِلْنا سْتيلو مِزْيان باش تْصحّح بيه أُخْتِك. فيسع فيسع!

"باهي يا امّا باهي هاني ماشْية يِزّي مِالسّْتْراس!"

"أحْلام خو الـpanier هاذا عبّيه بِالـpapiers serviettes وما تنْساوِش تْمِدّوهُم مْع الحْلو."

[17:26]

Mariam even took the driving test and got her license so she could drive Rami's car and take him to places he loved and felt good in. Mariam kept her promise and stayed patient. She stayed patient through it all—one year, two years, three years...

❖ ❖ ❖

Friday, June 19th, 2020. 5 p.m., at Mariam's house

There was a lot of noise, ululation, preparations, people coming and going. But not too many guests—just close family, and most of them were wearing masks and sanitizing their hands every minute.

Mariam's mother: "Selima, please, dear, take the dessert tray with your aunt—the notary will be here soon—and go find a nice pen for your sister to sign with. Quickly, quickly!"

"Okay, mom, okay, I'm going. Stop stressing out!"

"Ahlem, take this basket and fill it with napkins. Don't forget to hand them out with the sweets."

"حاضِر تاتا!"

مرْيَم لابْسة روبة بيضا تْهبِّل وفْوال طْويل ولابْسة بْلالِط وشرْكة بِالـ les perles وشادّة bouquet مِزْيان فيه الألْوان الكُلّ. وآنا سارْحة نِتْفرّج في مرْيَم ونِتْبسّم.

جا العْدول، دْخل وسلّم عالنّاس الكُلّ، وبعْديكا جْبِد الاوْراق وحطّ الزْداق قُدّام العْرايِس وبْدا يِتْفقّد في بِطاقات التّعْريف مْتاع الشّهود ويِكْتِب ويْقيّد في حاجات ومرْيَم سارْحة تْفكّر وتِتْفكّر...

وْما فاقِت مِن سرْحِتْها كان عْلى سُؤال العْدول:

"هل تقْبلينَ بِالسّيِّد أيْمن بِن أحْمد بِن مُحمّد بِن عاشور زَوْجًا لكِ؟"[1]

حاوْلِت تْخبّي دْموعْها وجاوْبِت بْصوت واطي: "أيْ نِقْبِل..."

آنا زادا حاوِلت نْخبّي دْموعي، دْموع مخلّطين مْتاع فرحة وحسْرة ونْدم.

مرْيَم كيما برْشا بْنات تبْعِت عْقلْها وعفّْسِت عْلى قلْبْها.

مرْيَم تِعْبِت مِن دزّان الكرّوسة وتِعْبت مِالْبْكاء وتِعْبِت مِالنّكد. وعْمُرْها ما نْسات إلّي رامي ما كانِش صافي ياسِر مْعاها. وعْمُرْها ما نْسات كْلام سليمة أُخْتْها.

[18:34]

"Okay, Auntie!"

Mariam was wearing a stunning white dress, a long veil, pearl earrings and necklace, and holding a beautiful bouquet with all the colors. I sat there, watching her dreamily, smiling.

The notary arrived, came in and greeted everyone. Then he pulled out the papers, placed the marriage contract in front of the bride and groom, began checking the witnesses' ID cards, and started writing things down—while Mariam sat absentmindedly, thinking and remembering...

She didn't snap out of it until the notary asked:

"Do you accept Mr. Aymen Ben Ahmed Ben Mohamed Ben Achour as your husband?"

She tried to hide her tears and replied in a low voice, "Yes, I accept..."

I, too, tried to hide my tears—tears mixed with joy, sorrow, and regret.

Like many girls, Mariam followed her mind and stepped on her heart.

Mariam had grown tired of pushing the wheelchair, tired of crying, tired of sadness. And she never forgot that Rami hadn't been entirely honest with her. She never forgot what her sister Selima had told her.

---

[1] This formal wedding vow is Modern Standard Arabic.

"تي حْكايَة فارْغة! صاحِبْتي قالِتْلي إلّي شافِت رامي الويكانْد اللي فات أمّا تلْقاها غالْطة. يمْكُن يْشبّهْلو."

"وَحْدو؟"

"شْكون؟"

"سليمة! الطّفل اللي يشبّه لرامي!"

"اه أي أَيْ وَحْدو!"

"مْشبّْتة؟

"اه أَيْ أَيْ وُه! مْشبّْتة!"

مرْيَم قرّرِت تْعيش مِرْتاحة مِالمسْؤولِيّات عْلى اكْتافْها وقرّرت تشوف حْياتها، وتْعيش حْياتْها effectivement كيما آنا كُنْت نْقُلْها ديما... ياخي هاي سِمْعِت كْلامي.

[19:49]

"Oh, it's just nonsense! My friend told me she saw Rami last weekend, but she must be wrong. Maybe it just looked like him."

"Alone?"

"Who?"

"Selima! The guy who looks like Rami!"

"Ah, yeah yeah, alone!"

"Are you sure?"

"Uh, yeah yeah, yes! Sure!"

Mariam decided to live free of responsibilities weighing on her shoulders and to focus on her life—and live her life just like I always used to tell her… and well, she listened to me.

❖ ❖ ❖

بعْد الـaccident رامي غْرُق في الـdépression ووَلّى ديما يا سارِح يا مهْموم يا يِبْكي يا يْصيح ويْعيّط. حتّى لين تِعْبِت مرْيَم moralement وحتّى physiquement. تِعْبِت مِن حْياتْها ومِالْمجْهود اللي تعْمل فيه ووَلّى يُضْهْرِلْها زايِد.

في الفترْة هاذيكا كانِت ديما كي تْروّح في اللّيل مِن دار رامي، يُعْرُضْها أَيْمن في الحومة... بِالزّهر! Bon، الحْقيقة ما نِتْصوّرْش هاذا الكُلّو زْهر أمّا ميسالِش خلّينا في الـversion هاذي مْتاع الزّهر.

عدِّت مرْيَم سْوايَع وسْوايَع مْع أَيْمن. يَحْكيو في كُلّ شَيْ مِن مشاكِلْهُم في الخِدْمة لِلْأصْحاب لْمشاكِل الدِّنْيا لِلـaccident مْتاع رامي... يَنْصْحو بْعضْهُم، يْواسيو بْعضْهُم ويَضْحْكو ويَضْحْكو ويَضْحْكو... الحاجة اللي كانِت ناقْصة في حْياة مرْيَم في المُدّة هاذيكا... ياخي رجّْعِلْها الضُّحْكة والْفرْحة والأمل مِن جْديد.

عْطات مرْيَم فُرْصة لْأَيْمن وعْجِبْها برْشا. وقِف مْعاها، تِلْها بيها، دلّلْها وهِيَّ الحْقيقة سْتانْسِت بيه برْشا.

قصِّتْها مْع رامي وقلْبْها يوجع عْليه أمّا عْمُرْها ما نْساتو.

[20:22]

❖ ❖ ❖

After the accident, Rami sank into depression. He was either zoned out, upset, crying, or yelling all the time. Until Mariam got tired—mentally and physically. She was tired of her life and of all the effort she was putting in, which started to feel like too much.

During that period, whenever she came back from Rami's place at night, Aymen would run into her in the neighborhood... by chance! Well, honestly, I don't think it was all chance, but anyway, let's stick to that version.

Mariam spent hours and hours with Aymen. They talked about everything—from work problems, to friends, to life problems, to Rami's accident... They gave each other advice, comforted each other, and laughed and laughed and laughed... something that had been missing from Mariam's life during that time. He brought her laughter, happiness, and hope again.

Mariam gave Aymen a chance, and she really liked him. He stood by her, took care of her, spoiled her, and honestly, she got very used to him.

Her story with Rami—her heart ached for him, but she never forgot him.

She still felt guilty, but she decided to move forward and stop looking back.

قاعْدِت تْحِسّ بِالذّنْب أمّا قرّْرِت تْقدِّم القُدّام ومْعادْش تِتْلفِّت وْراها.

وآنا وين مِن هاذا الكُلّ؟

بعْد الـaccident حسّيت وعْرفْت روحي قدّانيش غالْطة. غالْطة مْع روحي، ومْع مرْيَم وحتّى مْع رامي. غالْطة مْع روحي كي حبّيت حاجة موش لِيّا.

غالْطة مْع مرْيَم كي غْدرْت صاحِبْتي، والأتْعس مِالْكُلّ هِيَّ غلْطْتي مْع رامي اللي لْصقْت فيه ونُطْلُب فيه كُلّ دْقيقة ونمْرِج فيه كيما اللّيلة هاذيكا، كي طْلبْتو ولْقيتو مِتْقلّق قْعدْت نْلحْلح بيه باش يِتْعدّالي وقْتْلو نعْمْلو دورة خْفيفة ونْروّْحو pourtant نعْرْفو اللي شارِب برْشا. أمّا وَقْتْها كُنْت أنانية وما يْهِمّْني كان في روحي.

مرْيَم لْتوّ ما تعْرفْش حْقيقِةْ اللي صار. أمّا كي سيّْبِت رامي، سخّْفْني وقْعدْت نْحاوِل نْتِلْهى بيه ونْخرّْجو أمّا كان حتّى مِالْغزْران ما يُغْزْرْليش. لين آنا بيدي تْعِبْت وفدّيت ومْشيت نْشوف في حْياتي.

آنا عرّسْت ما عنْديش برْشا أمّا قاعْدين نْطلّْقو خاطِر فِقْت بيه يْخون فِيّا...karma؟ أَيْ... في بالي!

[21:37]

And where was I in all of this?

After the accident, I felt and realized how wrong I was. Wrong with myself, with Mariam, and even with Rami. I was wrong with myself for wanting something that wasn't mine.

Wrong with Mariam for betraying my friend. And worst of all, wrong with Rami—for clinging to him, constantly calling him, and bothering him like that night. When I called and found him upset, I kept insisting he come out. I told him we'd go for a short drive— even though I knew he was drunk. But at that time, I was selfish and only thinking of myself.

Mariam still doesn't know the full truth of what happened. But when she let go of Rami, I pitied him and kept trying to be there for him and take him out. But even then, he wouldn't even look at me. Until I, too, got tired, gave up, and moved on with my life.

I got married not long ago, but we're getting divorced—because I found out he was cheating on me. Karma? Yeah… I know.

وْاليوم أَيْمن ومريَم يْعيشو في بِلْجيكْيا، أَيْمن دبّر خِدْمة باهْية في شرِكة معْروفة. ومرْيَم حِبْلة في الخامِس. كيما النّْساء الكُلّ، مرّة تضْحك مرّة تِبْكي، مرّة تحْكي ما تُسْكُتْش ومرّة ساكْتة ما عينْها في كْلام.

مرْيَم تُظْهُر شايْخة وعامْلة جوّ في حْياتْها مْع أَيْمن أمّا حتّى حدّ في الدِّنْيا هاذي لا ينْجّم يَعْرف الحْقيقة وحتّى حدّ لا ينْجّم يَعْرف مرْيَم باش قاعْدة تْحِسّ وَلّا فاش تْخمّم وَلّا حتّى في شْكون قاعْدة تْخمّم بينْها وبين روحْها... حتّى أَيْمن بيدو ما ينْجّمْش يَعْرف...

وكيما قالِت أُمّْها يَرْحمْها: "الحُبّ في الكْتُب!"

آه! فِتُّكُم بِالحْديث، تاتا مُنيرة أُمّ مرْيَم تْوَفّات ما عنْدْهاش برْشا بِالكوفيد... اللّه يَرْحمْها!

❖ ❖ ❖

[22:49]

Today, Aymen and Mariam live in Belgium. Aymen found a good job at a well-known company. Mariam is five months pregnant. Like all women, sometimes she laughs, sometimes she cries, sometimes she talks nonstop, and sometimes she sits quietly, saying nothing.

Mariam seems happy and like she's enjoying her life with Aymen. But no one in this world can really know the truth. No one can know what Mariam is truly feeling, or what she's thinking about, or even who she might be thinking about deep down... not even Aymen himself can know.

And as her mother—may she rest in peace—used to say: "Love exists only in books!"

Oh! I forgot to mention, Auntie Mounira, Mariam's mother, passed away not long ago from COVID. May God have mercy on her.

❖　❖　❖

Arabic Text without Tashkeel

For a more authentic reading challenge, read the story without the aid of diacritics (tashkeel) and the parallel English translation.

الحب... في الكتب

نهار الأحد واحد وعشرين فيفري ألفين وسطاش

في دار مريم، أمها فاقت بكري برشا كي العادة. كيما برشا نساء، تحب تعدي الويكاند متاعها تنظف الدار خير ملي تخرج وتعمل جو.

عيطت: "مريم! قوم امخر... مريم! قمتشي؟ هيا باش تعاوني! عيش بنتي!"

"ممم... يا ما خليني نزيد نرقد أمان!"

"لا يزي مالنوم وقوم عاوني!"

"تي حتى نهار الأحد ما انجمش نرتاح فيه؟ تي تاعبة في حالة راني!"

"تاعبة؟ مناش تاعبة؟ مالتحواس ومالقهاوي كونشي تاعبة! كي تولي كيما أندادك تو ترتاح!"

"بالله كيفاش كيما أندادي؟ تنجم تفسرلي؟"

"أي، كيما أندادك تعرس وتعمل عايلة وتجيب الصغار وتتلها بدارك وبراجلك وبصغارك! في عوض نهار كامل داخلة خارجة وفلوسك الكل في الدبش والقهاوي والله أعلم فاش آخر!"

"وفاش آخر؟ تو هاذي حكاية واحد يصبح عليها نهار أحد؟ وكي نعرس ونعمل عايلة باش نرتاح؟ تي بالعكس! باش يجيبلي أكثر تعب ونكد ومصروف."

"لا موش بالضرورة يزيد التعب والنكد ويكثر المصروف! وهاذاكا علاش لازمك تعرس بواحد لاباس عليه!"

"آنا ما نعرس كان بواحد نحبو! وإنت تعرفو شكونو!"

"ممم يزيك مالحكايات الفارغة يعيش بنتي! الحب في الكتب! كان جا عينو فيك ياسر راهو جاب أمو وبوه وخواتو وجاو خطبوك! أما هوما درا شحاسبين رواحم! تي حاسيلو... هيا هيا قوم إمسح الدار ونظف بيتك وخمل فرشك!"

"باهي باهي هاني قايمة، أما نفطر فطور الصباح قبل!"

"باهي برك، هاني حضرتلك قهوة وطرف كعك ورقة!"

"مغسي اما!"

"ممم خليها عندك!"

❖ ❖ ❖

مريم، تلاثين سنة، تسكن في تونس العاصمة، في باب الجديد. كملت قرايتها وتو تخدم في بانكا في الـcentre ville. عايلتها متواضعة وتعيش مع أمها، منيرة وبوها محمد وأختها أصغر منها سليمة.

عايلتها يحبوها برشا أما زادا كيما أي عايلة تونسية، عايلتها يحبوها تعرس وبداو يضغطو عليها باش تعرس. وموش بأي واحد. يحبوها تعرس بجارها أيمن.

أيمن مهندس في شركة معروفة قرا مع مريم مالابتدائي وملي هوما صغار يحبها ويموت عليها وكبر أيمن وكبر حبو ليها. تي حتى من دارو لاصقة في دار مريم.

أما مريم مخها وقلبها مع حد آخر ولا عمرها خممت في أيمن.

كي بدات مريم تخدم في البانكا في اللافايات تعرفت على زميلها رامي وبالشوية بالشوية ولاو ديما يحكيو وبعد ولاو يخرجو مع بعضهم، مرة يعملو footing بعد الخدمة ومرة يمشيو يعملو قهوة.

أما رامي موش جوو القهاوي. رامي يحب الراستورونات والسهريات والشرب خير. ومريم ولو إنها ما تحبش برشا الجو هاذاكا أما كانت ديما تمشي معاه. وبالشوية

بالشوية، مريم ورامي ولاو يحبو بعضهم... أما فما مشكل! أم رامي، موش عاجبينها لا مريم ولا عايلتها، قال شنوا على قدهم!

❖ ❖ ❖

في دار رامي

أمو كي العادة ممدودة عالـcanapé تتفرج في برنامج تونسي ماسط.

"وين خارج يا رامي؟ باش تبطى؟"

"أي أمي باش نبطى! حاجتك بحاجة؟"

"أي، عيش ولدي جيب طرف ڨاتو كي تجي مروح! ما تنساش!"

"حاضر يامي!"

"اسمعني!"

"نعم."

"خارج مع صحابك ماو؟"

"لا، مانيش خارج مع صحابي! خارج مع مريم!"

"اووووه علي من هاذي مريم متاعك! تي موش قلنا ابعد عليها موش متاعك؟"

"بالله كيفاش موش متاعي فسرلي يا ما!"

"البو والأم موش قارين، وزيد على قدهم ولا تكسب لا دار ولا كرهبة وموش مزيانة مالفوق!ما فهمتش شمعجبك فيها!"

"آنا تظهرلي مزيانة وطفلة دافية ومتربية وانجم نعمل عليها ومثقفة وذكية! وبوها وأمها موش قارين صحيح أما عباد باهين وناس ملاح ويحبوني ونحبهم!"

"هِهه أي يحبوك... قول يحبو فلوسك!"

"باهي يحبو فلوسي ميسالش!"

"دبر راسك!"

باس رامي أمو وخرج.

❖ ❖ ❖

في رستورون في المرسى

"قداش ما عينيش في الخدمة غدوة يا مريم."

"اوووه كان تشوف آنا!"

"الخبزة مرة..."

"شقولك كان نعملو projet؟"

"كيما شنوا؟"

"ما نعرفش fast food ولا كافيتيريا ولا فازة..."

"مالا فازة! فرحت أمي بيك وبيا..."

"ياخي لازم ديما أمك في الحكاية؟"

"ماتجبدليش أمي لا نتعاركو كي العادة أوكي؟"

"إنت جبدتها موش آنا!"

"باهي باهي كل خرجة مررها بالحكايات الفارغة متاعك!"

"باهي نقص مالشرب باش تنجم تسوق!"

"أوه عندكشي مشكلة أخرى بربي؟ هاو مرة أمك ومرة شرب ومرة ما نعرفش شنوا! تي يزي مالمشاكل!"

"لا موش مشاكل أما ياسر تشرب وموش باهيلك لا لصحتك لا لخدمتك لا لمخك!"

"موش باهيلي ولا خايفة لا بوك يسمع بيا نشرب؟"

"ازوز ça va توا؟"

"أي ça va!"

هاذي موش حاجة جديدة. Presque كل خرجة لازم توفى بعركة.

❖ ❖ ❖

في دار أيمن، جار مريم

"أمي شنوا العشاء اليوم؟"

"كسكسي بالحوت!"

"جو!"

"شعملت مع مريم؟ حكيتشي معاها؟"

"مريم؟ على شنوا باش نحكي معاها؟"

"وووه؟ على شنوا باش تحكي معاها؟ نسيت؟ موش تفاهمنا باش تحكي معاها عالخطبة؟"

"خطبة يامي؟ ياخي تسخايل الحكاية ساهلة برشا؟"

"ساهلة أي! باش تلقى ما خير منك؟"

"موش حكاية تلقى ما خير مني أما في بالي عندها شكون!"

"حكاية فارغة يا ولدي! ولا راهو جا خطبها!"

"وكي تطلع تحبو؟"

"الحب في الكتب يا وليدي..."

"باهي باهي يامي ايجا ناكلو وبعد تو نشوفو."

كملو مريم ورامي العشاء، خلصو وقامو مشاو للكرهبة.

رامي شرب برشا... وكي العادة ولى agressif وكي العادة زادو تعاركو في الكرهبة.

"كي عادتك وين ما تشرب تتحول إنت!"

"لا موش مالشرب!"

"مالا مناش؟"

"مالتنقنيف متاعك!"

"بربي؟"

"والله!"

"باهي باهي وصلني ومعادش تحكي معايا!"

"ملا راحة!"

وصلها ومشى من غير ما سلمو على بعضهم.

❖ ❖ ❖

دخلت مريم للدار ومشات لبيتها وسكرت الباب على روحها.

بدلت حوايجها ونحات مكياجها وقعدت تخمم وتخمم...

(دقديق عالباب)

"شكون؟"

"آنا سليمة!"

"عيش أختي تو بعد نحكيو! نحب نقعد وحدي!"

"أمان مريومة خليني ندخل عندي ما نحكيلك!"

"باهي، أدخل!"

قامت مريم حلتلها الباب ورجعت اتكات في الفرش.

سألتها سليمة: "شبيك فادة؟ أحكيلي."

"شي!"

"تي أحكيلي! تعاركت مع رامي؟"

"أي!"

"تي كي العادة تو غدوة تتصالحو!"

"نعرف أما آنا بديت نفد هكا!"

"وسع بالك عيش أختي وايجا نتفرجو في ساغي جديدة تقتل عالناتفليكس!"

"وإنت منين عندك ناتفليكس؟"

"أسامة عطاني الأكسا!"

"جو! باهي هيا! لحظة! موش قتلي عندك ما تحكيلي؟"

"تي لا شي شي!"

"سليمة! أحكي! شفما؟"

"تي حكاية فارغة! صاحبتي قالتلي إلي شافت رامي الويكاند اللي فات أما تلقاها غالطة. يمكن juste يشبهلو..."

"الويكاند اللي فات؟ مشى بحذا مماتو في زغوان ماهوش هنا!"

"تي أي أي باز غالطة فيه!"

"وحدو؟"

"شكونو؟"

"سليمة! الطفل اللي يشبه لرامي!"

"اه أي أي وحدو!"

"مثبتة؟"

"اه أي أي وه! مثبتة!"

"ظاهر عليك مثبتة! هيا هيا نتفرجو! شسمها الساري؟"

"Narcos."

❖ ❖ ❖

نهار الإثنين ثنين وعشرين فيفري ألفين وسطاش

قامت مريم الستة متاع الصباح كي العادة، غسلت وجها، حكت سنيها ومشات للكوجينة وين لقات أمها محضرتلها فطور صباح يعمل الكيف، قهوة وبشكوتو ودرع وكعبتين عضم وjus d'orange. حاسيلو برشا دلال.

فطرت مريم ولبست حوايجها وخذات تاكسي ومشات للخدمة. في الثنية قعدت تخمم في رامي وفي الـrelation متاعهم وبعد تفكرت كلام أختها متاع البارح وبعد تفكرت اللي لازمها كرهبة... حاسيلو مريم ملي عرفت رامي وهي موش مركزة وسارحة وداخلة بعضها. رامي طفل شباب ولباس عليه ودارو لباس عليهم وعندهم الأراضي والفيلات والكراهب والحق مدللها.

مريم صحيح تحبو أما ما تعطيهش برشا ثقة وهي بيدها موش عارفة علاش.

مريم ديما تفرغ قلبها لأحلام، صحبتها وعشيرتها اللي تحكيلها كل شي وأحلام تقعد تواسيها وتقلها ديما باش تبعد على أي relation toxique وتشوف حياتها. أما مريم متعلقة برشا برامي وديما تخير إنها تسامحو وتعمل عين رات وعين ما راتش على أمل إنو يتبدل.

❖ ❖ ❖

في الخدمة مريم موش مركزة. ديما كي تتعارك مع رامي تتقلق وتولي سارحة وتخمم.

تعدا النهار ورامي ما فماش ريحتو. لا جا للخدمة ولا طلب ولا بعث مساج أما كوناكتا في الفايسبوك. ياخي زادت تنرفزت عليه أكثر... طلبتو ياخي ما هزش وحتى حد ما يعرف عليه حتى شي... كي عادتو، كي يشرب برشا يصبح ما يمشيش للخدمة وبعد يبعث certificat. وزيد الـchef d'agence صاحبو برشا وديما يغطي عليه باش ما تصيرلوش مشاكل في الخدمة. ومريم تقعد تغزل. وكي عادتو

زادا اطيحشي السماء؟ تتقلبشي الدنيا؟ ديما connecté عل الفايسبوك. ها السناسة قداش تكرها مريم!

جات الخمسة وروحت مريم للدار بالتاكسي. رامي مستانس يوصلها بعد الخدمة، شيخلي أم رامي تغزل أكثر. كي العادة كي تبدا مغشة تدخل لبيتها وتسكر على روحها الباب وتقعد تبكي.

تبكي أما موش فاهمة روحها على شنوا تبكي بالضبط!

على رامي إلي طفاها وما كلمهاش؟ ولا على علاقتهم إلي ولات بكلها مشاكل وصياح وعرك ولا على خاطرها تحس في روحها ما عادش فرحانة ولا على خاطر au fond تعرف إلي ماهوش الراجل اللي تحب تكمل معاه حياتها؟

ولا يمكن على خاطر حاسة بحاجة خايبة وقلبها ما قايللها خير... مريم ضايعة... ضايعة برشا!

بكات لين هزها النوم...

❖ ❖ ❖

نهار التلاثا ستة وعشرين فيفري، الأربعة متاع الصباح

ينوقز تليفون مريم.

قلبها خرج من بلاصتو مالفجعة.

هزت مريم التليفون: "آلو؟"

"عالسلامة مريم آنا منى أخت رامي، سامحني كان قلقتك أما نعرف كان ما نطلبكش آنا، حد ماهو باش يطلبك ويحكيلك شصار..."

"لاباس؟ آمان آش صار؟ شفما؟"

"رامي..."

"رامي شبيه؟ شصارلو؟ وينو؟"

"رامي مالبارح متقلق وشرب برشا وخرج ما نعرفو عليه حتى شي لين كلمونا مالسبيطار قالولنا عمل آكسيدون."

"أكسيدون؟ وين؟ كيفاش؟ هو لاباس؟"

"عملولو عمليات و..."

"و شنوا؟ وينو تو؟ فانو سبيطار؟ عمليات على شنوا؟"

"على ساقيه الزوز."

"شبيهم ساقيه؟ تي قلي!"

"قصوهملو..."

"شنوا؟!"

"أي، amputation."

الدنيا دارت بمريم ومشات وجات وصوت منى عمال يبعد ويولي موش واضح، وراسها يولي يدور بالصدمة...

❖ ❖ ❖

رامي نهارتها شرب برشا وقعد يدور بالكرهبة. وفي لحظة راسو دار وفقد السيطرة على كرهبتو في virage خطير في ثنية المطار. تقلبت بيه الكرهبة.

وكان موش الحماية ادخلت فيسع يمكن راهو مات.

أما جاو فيسع وهزوه لأقرب سبيطار.

الطبا منعولو حياتو صحيح أما تلزو يقصولو ساقيه الزوز.

ماليوم رامي باش يولي على كرسي وحياتو الكل تتقلب.

ماليوم رامي ما عادش ينجم يمشي، ما عادش ينجم يجري كيما كل عشية بعد الخدمة، ما عادش ينجم يهبط "تنقيزة" باش يشري الخبز، ما عادش ينجم يترانا مع صحابو...

رامي حس اللي حياتو وقفت.

رامي ما كانش وحدو في الأكسيدون!

كانت معاه أحلام. أحلام تكسرت يدها اليسار ووجها الكلو مرضرض... أما لاباس!

مريم بهتت وما فهمتش أحلام فاش تعمل الاربعة متاع الصباح مع رامي في الكرهبة...

ولا يمكن ما تحبش تعرف.

❖ ❖ ❖

تقابلو مريم وأحلام.

ومن غير ما تغزرلها في عينيها قالتلها: "مريم سامحني كارني طلبتك حكيتلك اللي رامي تقلق برشا وتعدالي خرجنا نعملو في دورة ما فيباليش باش نبطاو ياخي هاو صار اللي صار! الله غالب الحمد الله واكهو!"

"موش مشكل تو! المهم إنت لاباس! الحمد الله!"

دخلت مريم بحذا رامي. لقات أمو بحذاه تبكي في حالة حليلة.

"اللطف عليك وعليه تاتا، تو يعمل prothèse ونتلهاو بيه ما تخافش! خلي إيمانك بربي كبير! نحمدو ربي اللي مازال حي!"

"يعيش بنتي! باهي أحكي معاه إنت شوية آنا ما حبش حتى يغزرلي!"

"باهي تاتا تهنى هاني باش نمشي نحكي معاه!"

❖ ❖ ❖

في أوقات الضعف والمصايب القلوب تلين وتولي تحاول تشوف الباهي. هاذا حال أم رامي. من أول مرة قابلت فيها مريم تكرها وموش عاجبتها. هاو مرة تقول عليها على قدها، هاو مرة طامعة في رامي، هاو مرة بوها وأمها جهال وبرشا حاجات أخرين ما يتحكاوش. أما آنا نعرفهم! منين نعرفهم؟ الحقيقة رامي يحكيلي كل شي! رامي ما يخبي عليا حتى شي! نتصور راكم عرفتوني شكون!

أي آنا هي! آنا أحلام اللي حكيتلكم عليها قبيلا! آنا اللي غدرت صاحبتي وأقرب الناس ليا! آنا اللي خنت الصحبة اللي مستثقتها. آنا اللي خنت روحي finalement. آنا اللي كل يوم ندعي باش رامي يبعد على مريم. آنا اللي نحب رامي من أول نهار شفتو فيه!

حاولت نقربلو ونتقربلو بأي طريقة، أجوتيتو على الفايسبوك وكنت كل يوم نبعثلو نسأل عليه. ماللول ما جاش لمخو على خاطر يعرف قداش مريم تحبني... حتى آنا نحبها... أما حبيتو هو زادة! وبعد قتلو كل شي وقعدنا نحكيو بالسرقة من على مريم وموش نحكيو برك، أما نتقابلو زادا. الويكاند اللي فات مشينا آنا وياه فطرنا مع بعضنا وتفرجنا في فيلم و... واكاهو!

هو قاللها ماشي لزغوان بحذا مماتو وآنا قلتلها تاعبة ما عينيش في الخروج. كي كلمتني حكاتلي إلي صاحبة سليمة شافتنا... ااه شافتو، تفجعت برشا الحقيقة. أما شديت روحي وقلتلها يزي مالتهلويس impossible ياخذ الريسك ويعملها. أما هو خذا الريسك وآنا خذيتو معاه!

نرجعو عاد لأم رامي، في لحظة تبدلت وولات تحب مريم وتموت عليها؟! تي البارح بركا تقولي ما صابك إنت مع ولدي موش هاك اللفعة! وتو حتى غزرة ما تغزرهاليش وولات تعيط لمريم بنتي وعزيزتي؟ مالا منافقة!

❖ ❖ ❖

حاسيلو، دخلت مريم للبيت بحذا رامي.

حاولت تهزلو المورال وتفسرلو إلي هاذاكا قضاء وقدر والي ربي مكتبلو هكاكا وإلي لازمو يحمد ربي، إلي ما ماتش ومزال حي ويمكن تكتبلو عمر جديد... أما زايد.

وعدتو تاقف معاه وما تخليهاش بيه مهما يصير، وعدتو تصبر معاه وما تسيبوش، وعدتو باش تخرجو كل يوم ويمشيو لوين ما يحب هو، وعدتو يسافرو ويعملو جو، وعدتو ووعدتو... وعدتو ببارشا حاجات باهين.

أما رامي مصدوم وموش مصدق اللي صايرلو.

مريم كانت على وعدها. مريم صبرت مع رامي وعايلتو. عايلتو اللي فجأة ولاو يموتو على مريم! أما مريم ما يهمهاش برشا. تلهات بيه كيما تعرف وباللي تقدر. كانت تحاول ديما تضحكو وديما تخرجو ادز بيه الكروسة وتهزو لبلايص مزيانين ويقعدو بالسوايع يحكيو ويضحكو ويبكيو زادا.

مريم مشات زادا عدات الپارمي وخذاتو باش تنجم تسوق كرهبة رامي وتخرجو وتحوس بيه وتهزو للبلايص اللي يحبهم ويرتاح فيهم. مريم كانت على وعدها وصبرت. صبرت على هالحال عام وعامين وتلاثة سنين...

❖ ❖ ❖

نهار الجمعة تسعطاش جوان ألفين وعشرين، الخمسة متاع العشية، في دار مريم

برشا حس وتزغريط وتحضيرات وبرشا مشي وجي أما ما فماش برشا عباد جوست العايلة القريبة وأكثريتهم لابسين البافات وينظفو في يديهم بالجال كل دقيقة.

أم مريم: "سليمة عيش بنتي فيسع هز مع خالتك طبق الحلو العدول قريب يخلط وامشي شوفلنا ستيلو مزيان باش تصحح بيه أختك. فيسع فيسع!

"باهي يا اما باهي هاني ماشية يزي مالستراس!"

"أحلام خو الـpanier هاذا عبيه بالـpapiers serviettes وما تنساوش تمدوهم مع الحلو."

"حاضر تاتا!"

مريم لابسة روبة بيضا تهبل وفوال طويل ولابسة بلالط وشركة بالـles perles وشادة bouquet مزيان فيه الألوان الكل. وآنا سارحة نتفرج في مريم ونتبسم.

جا العدول، دخل وسلم عالناس الكل، وبعديكا جبد الاوراق وحط الزداق قدام العرايس وبدا يتفقد في بطاقات التعريف متاع الشهود ويكتب ويقيد في حاجات ومريم سارحة تفكر وتتفكر...

وما فاقت من سرحتها كان على سؤال العدول:

"هل تقبلين بالسيد أيمن بن أحمد بن محمد بن عاشور زوجا لك؟"

حاولت تخبي دموعها وجاوبت بصوت واطي: "أي نقبل..."

آنا زادا حاولت نخبي دموعي، دموع مخلطين متاع فرحة وحسرة وندم.

مريم كيما برشا بنات تبعت عقلها وعفست على قلبها.

مريم تعبت من دزان الكروسة وتعبت مالبكاء وتعبت مالنكد. وعمرها ما نسات إلي رامي ما كانش صافي ياسر معاها. وعمرها ما نسات كلام سليمة أختها

"تي حكاية فارغة! صاحبتي قالتلي إلي شافت رامي الويكاند اللي فات أما تلقاها غالطة. يمكن يشبهلو."

"وحدو؟"

"شكون؟"

"سليمة! الطفل اللي يشبه لرامي!"

"اه أي أي وحدو!"

"مثبتة؟

"اه أي أي وه! مثبتة!"

مريم قررت تعيش مرتاحة مالمسؤوليات على اكتافها وقررت تشوف حياتها، وتعيش حياتها effectivement كيما آنا كنت نقلها ديما... ياخي هاي سمعت كلامي.

❖ ❖ ❖

بعد الـaccident رامي غرق في الـdépression وولى ديما يا سارح يا مهموم يا يبكي يا يصيح ويعيط. حتى لين تعبت مريم moralement وحتى physiquement. تعبت من حياتها ومالمجهود اللي تعمل فيه وولى يضهرلها زايد.

في الفترة هاذيكا كانت ديما كي تروح في الليل من دار رامي، يعرضها أيمن في الحومة... بالزهر! Bon، الحقيقة ما نتصورش هاذا الكلو زهر أما ميسالش خلينا في الـversion هاذي متاع الزهر.

عدت مريم سوايع وسوايع مع أيمن. يحكيو في كل شي من مشاكلهم في الخدمة للأصحاب لمشاكل الدنيا للـaccident متاع رامي... ينصحو بعضهم، يواسيو بعضهم ويضحكو ويضحكو ويضحكو... الحاجة اللي كانت ناقصة في حياة مريم في المدة هاذيكا... ياخي رجعلها الضحكة والفرحة والأمل من جديد.

عطات مريم فرصة لأيمن وعجبها برشا. وقف معاها، تلها بيها، دللها وهي الحقيقة ستانست بيه برشا.

قصتها مع رامي وقلبها يوجع عليه أما عمرها ما نساتو.

قاعدت تحس بالذنب أما قررت تقدم القدام ومعادش تتلفت وراها.

وآنا وين من هاذا الكل؟

بعد الـaccident حسيت وعرفت روحي قدانيش غالطة. غالطة مع روحي، ومع مريم وحتى مع رامي. غالطة مع روحي كي حبيت حاجة موش ليا.

غالطة مع مريم كي غدرت صاحبتي، والأتعس مالكل هي غلطتي مع رامي اللي لصقت فيه ونطلب فيه كل دقيقة ونمرج فيه كيما الليلة هاذيكا، كي طلبتو ولقيتو متقلق قعدت نلحلح بيه باش يتعدالي وقتلو نعملو دورة خفيفة ونروحو pourtant نعرفو اللي شارب برشا. أما وقتها كنت أنانية وما يهمني كان في روحي.

مريم لتو ما تعرفش حقيقة اللي صار. أما كي سيبت رامي، سخفني وقعدت نحاول نتلهى بيه ونخرجو أما كان حتى مالغزران ما يغزرليش. لين آنا بيدي تعبت وفديت ومشيت نشوف في حياتي.

آنا عرست ما عنديش برشا أما قاعدين نطلقو خاطر فقت بيه يخون فيا...karma؟ أي... في بالي!

واليوم أيمن ومريم يعيشو في بلجيكيا، أيمن دبر خدمة باهية في شركة معروفة. ومريم حبلة في الخامس. كيما النساء الكل، مرة تضحك مرة تبكي، مرة تحكي ما تسكتش ومرة ساكتة ما عينها في كلام.

مريم تظهر شايخة وعاملة جو في حياتها مع أيمن أما حتى حد في الدنيا هاذي لا ينجم يعرف الحقيقة وحتى حد لا ينجم يعرف مريم باش قاعدة تحس ولا فاش تخمم ولا حتى في شكون قاعدة تخمم بينها وبين روحها... حتى أيمن بيدو ما ينجمش يعرف...

وكيما قالت أمها يرحمها: "الحب في الكتب!"

آه! فتكم بالحديث، تاتا منيرة أم مريم توفات ما عندهاش برشا بالكوفيد... الله يرحمها!

❖ ❖ ❖

Comprehension Questions

1. شْنِيّة العِلاقة بين مرْيَم وأُمّْها في أوّل الحْكايَة؟
2. شْكون هُوّا رامي ومِنين تعْرف مْع مرْيَم؟
3. شْنِيّة مَوْقف أُمّ رامي مِن مرْيَم؟
4. شْكون هُوّا أَيْمن وشْنِيّة عِلاقْتو بمِرْيَم؟
5. شْنُوّا صار لْرامي في الأكْسيدون؟
6. كيفاش كانِت أحْلام شْريكة في الحْكاية؟
7. شْنُوّا عْملِت مرْيَم بعْد الأكْسيدون؟
8. كيفاش رْجع أَيْمن في حْياة مرْيَم؟
9. علاش قْررِت مرْيَم تْبدّل حْياتْها؟
10. شْنُوّا صار في الآخِر لِلْشخْصيّات الرّئيسيّة؟
11. قْداش عُمر مرْيَم وشْنِيّة خِدِمْتها؟
12. شْنُوّا النّصيحة اللي كانِت تعْطيها أحْلام لْمرْيَم؟
13. علاش ما كانِتْش مرْيَم تُوثق برْشا في رامي؟
14. كيفاش كان يْتصرّف رامي كي يُشْرُب؟
15. شْنُوّا كانِت تْحاوِل تْقول سليمة لْمرْيَم على رامي؟
16. كيفاش تْغيرّت أُمّ رامي بعْد الأكْسيدون؟
17. وَقْتاش قْررِت مرْيَم تْقطع علاقِتْها بْرامي؟
18. وين مْشاوْ يْعيشو مرْيَم وأَيْمن في الآخِر؟
19. شْنُوّا صار لأُمّ مرْيَم في الآخِر؟
20. كيفاش كانِت أحْلام تْحِس بالذّنْب في الآخِر؟

1. What was the nature of Mariam's relationship with her mother at the beginning of the story?

2. Who is Rami and how did he meet Mariam?

3. What was Rami's mother's attitude toward Mariam?

4. Who is Aymen and what is his relationship to Mariam?

5. What happened to Rami in the accident?

6. How was Ahlem involved in the story?

7. How did Mariam act after the accident?

8. How did Aymen re-enter Mariam's life?

9. Why did Mariam decide to change her life?

10. What happened to the main characters in the end?

11. How old is Mariam and what is her job?

12. What advice was Ahlem giving Mariam?

13. Why didn't Mariam fully trust Rami?

14. How did Rami behave when he drank?

15. What did Selima try to tell Mariam about Rami?

16. How did Rami's mother change after the accident?

17. When did Mariam decide to end her relationship with Rami?

18. Where did Mariam and Aymen go to live in the end?

19. What happened to Mariam's mother at the end?

20. How did Ahlem express her regret at the end?

Answers to the Comprehension Questions

1. علاقة فيها تْوتّر وأُمّْها تْحِبّْها تْعرّس وتْكون كيما البْنات الكُلّ.
2. رامي زْميلْها في البانْكا ويِخْدِم مْعاها في نفْس الـagence.
3. شافتْها موش مُناسبة ليه وعايْلِتْها مْتواضْعة برْشا.
4. أَيْمن جارْهُم ويْحِبّ مريَم مِلّي كانو صْغار في المدْرسة.
5. شْرب برْشا وعْمل أكْسيدون وتْقطّْعو ساقيه الزّوز.
6. كانِت صاحْبِة مرْيَم وخانِتْها بْعلاقِتْها مْع رامي.
7. وقْفِت مْعاه وعاوْنِتّو وتِلْهات بيه حتّى تِعْبِت.
8. كان يِسْتنّاها في الحومة كي تْجي مِن دار رامي.
9. خاطِرها تِعْبِت مِالمسْؤوليّة وفْهمِت إلّي رامي ما كانْش صادِق مْعاها.
10. مرْيَم عرّْسِت بْأَيْمن، رامي بْقى في كُرْسي، وأحْلام طلّْقِت.
11. عُمرْها تْلاثين سْنة وتِخْدِم في بانْكا في وسْط المدينة.
12. كانِت تنْصح فيها تِبْعِد علْى رامي وتْشوف حْياتْها.
13. خاطِر كان عنْدو علاقات أُخْرى وما كانْش واضِح مْعاها.
14. كان يْوليّ عْدواني ويْعيّط ويِتْعارِك.
15. حاوْلِت تْنبّهْها على خيانْتو مْع أحْلام.
16. ولّات تْحِبّ مرْيَم وتْعيّطِلْها بِنْتي بعْد ما كانِت تكْرهْها.
17. وَقْتِلّي تِعْبِت جسدِيّاً وَنَفْسِيّاً.
18. مْشاوْ يْعيشو في بِلْجيكا وين أَيْمن لْقى خِدْمة باهية.
19. ماتِت بِالكوفيد في آخِر الحْكايَة.
20. نِدْمِت على خيانِتْها لْصاحِبْتْها وعْلى الأكْسيدون.

1. A tense relationship where her mother wanted her to marry and be like other girls.
2. Rami was her colleague at the bank who worked in the same branch.
3. She saw Mariam as unsuitable for her son and thought her family was too modest.
4. Aymen was their neighbor who had loved Mariam since they were children in school.
5. He drank heavily and had an accident that resulted in the amputation of both legs.
6. She was Mariam's friend who betrayed her through a relationship with Rami.
7. She stood by him, helped him, and cared for him until she became exhausted.
8. He would wait for her in the neighborhood when she returned from Rami's house.
9. Because she was tired of the responsibility and realized Rami wasn't honest with her.
10. Mariam married Aymen, Rami remained in his wheelchair, and Ahlem got divorced.
11. She is thirty years old and works at a bank in downtown.
12. She was advising her to stay away from Rami and focus on her life.
13. Because he had other relationships and wasn't transparent with her.
14. He would become aggressive, yell, and get into arguments.
15. She tried to warn her about his infidelity with Ahlem.
16. She began to love Mariam and call her daughter after previously hating her.
17. When she became physically and emotionally exhausted.
18. They went to live in Belgium where Aymen found a good job.

19. She died from COVID at the end of the story.
20. She regretted betraying her friend and her role in the accident.

Summary

Read the scrambled summary of the story below. Write the correct number (1–10) in the blank next to each event to show the proper sequence.

___ مرْيَم تْعرّس بْأَيْمن ويْسافْرو لْبِلْجيكا.

___ مرْيَم في علاقة مْع رامي زْميلْها في الخِدْمة بالرّغْم مِن مْعارْضِة أُمّو.

___ أُمْها تْحاوِل تْقنّعْها باش تْعرّس بْجارْهُم أَيْمن.

___ مرْيَم تِتْعب مِالمسْؤوليّة وتْقرّر تْبدّل حْياتْها.

___ أحْلام، صاحْبِة مرْيَم، تْخونْها وتِبْدا علاقة سرّية مْع رامي.

___ مرْيَم تِبْقى بْجنْب رامي وتْعاوْنو في مِحْنْتو.

___ مرْيَم تِحْبل وتْبْقى تْخمّم في الماضي.

___ رامي يعْمل أكْسيدون مْع أحْلام ويِتْقطّعولو ساقيه.

___ مرْيَم، طُفْلة عُمرْها تْلاثين سْنة، تُسْكُن مْع عايْلِتْها في باب الجْديد وتِخْدِم في بانْكا.

___ أَيْمن يِبْدا يِتْقرّب مِنْها كي تْكون راجْعة مِن دار رامي.

Key to the Summary

9   Mariam marries Aymen and they move to Belgium.

3   Mariam is in a relationship with Rami, her work colleague, despite his mother's opposition.

2   Her mother tries to convince her to marry their neighbor Aymen.

8   Mariam grows tired of the responsibility and decides to change her life.

4   Ahlem, Mariam's friend, betrays her by starting a secret relationship with Rami.

6   Mariam stays by Rami's side and helps him through his ordeal.

10 Mariam becomes pregnant while still thinking about the past.

5   Rami has an accident with Ahlem and loses both his legs.

1   Mariam, a thirty-year-old woman, lives with her family in Bab El Jedid and works at a bank.

7   Aymen begins getting closer to her when she returns from Rami's house.

Tunisian Arabic Readers Series

www.lingualism.com/tar

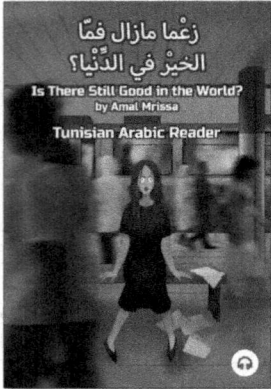

زعْما مازال فمّا
الخيرْ في الدِّنْيا؟
Is There Still Good in the World?
by Amal Mrissa
Tunisian Arabic Reader

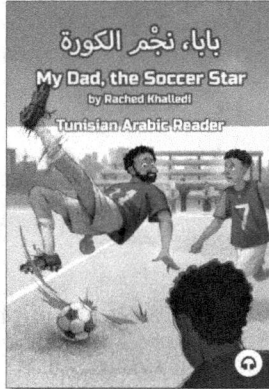

بابا، نجْم الكورة
My Dad, the Soccer Star
by Rached Khalledi
Tunisian Arabic Reader

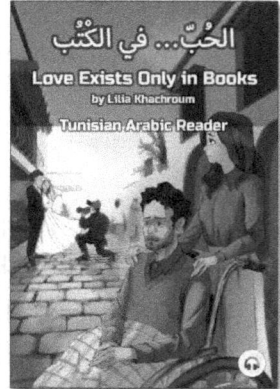

الحُبّ... في الكْتُب
Love Exists Only in Books
by Lilia Khachroum
Tunisian Arabic Reader

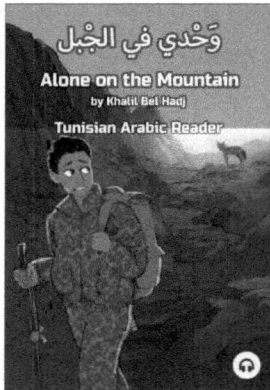

وَحْدي في الجْبل
Alone on the Mountain
by Khalil Bel Hadj
Tunisian Arabic Reader

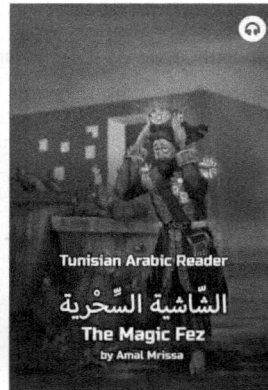

Tunisian Arabic Reader
الشّاشية السِّحْرية
The Magic Fez
by Amal Mrissa